U0001404

Queen Elizabeth II

皇冠之下——
伊莉莎白二世的真實與想像：
Queen Elizabeth II

BBC獨家授權
見證女王陛下輝煌一生的影像全紀錄

A celebration of her life
and reign in pictures

作｜大衛‧索登 DAVID SOUDEN

譯｜李函

國家圖書館出版品預行編目(CIP)資料

皇冠之下：伊莉莎白二世的眞實與想像：BBC獨家授權,見證女王陛下
輝煌一生的影像全紀錄 / 大衛.索登(David Souden) 著；李函譯. -- 初
版. -- 新北市：堡壘文化有限公司出版：遠足文化事業股份有限公司發
行. 2022.10
　面；　公分. -- (Demi-couture ; 2)
譯自：Queen Elizabeth II : a celebration of her life and reign in
pictures.
ISBN 978-626-7092-92-7(精裝)

1.CST: 伊莉莎白二世(Elizabeth II, Queen of Great Britain. 1926-
2022) 2.CST: 傳記 3.CST: 英國史 4.CST: 照片集

741.27　111016546

David Souden has asserted his right to be identified as the
author of this Work
in accordance with the Copyright, Designs and Patents Act 1988
First published by BBC Books in 2022
BBC Books would like to thank the following sources for
providing photos.
While every effort has been made to trace and acknowledge all
photographers.
we should like to apologise should there be any errors or
omissions.
Image credits: BBC 16, 20, 22, 23, 26b, 41, 42, 43, 46, 53, 54, 56, 57,
59, 66–67, 73, 74, 75, 76–7, 78, 79, 82, 83, 84b, 87, 90, 96, 103, 104,
105, 107, 108, 110b, 111t, 112, 113t, 115b, 118, 119, 120, 121, 122, 123,
124, 128–129, 130, 131, 132, 133, 134, 135, 136, 143, 165, 174–175, 178,
179, 180, 181, 182, 183, 184, 185, 187, 190, 191, 193, 194, 195, 196, 202,
204–205, 206, 208b, 210t, 212, 214–215, 216, 222–223, 227; Camera
Press/Cecil Beaton 176; Crux
Productions, from the documentary Elizabeth at 90 – A Family
Tribute 203;
Getty Images 2, 15, 20, 26t, 28–29, 30–31, 33t, 34–35, 36–37, 41,
44, 48–49, 50–511, 57, 65, 111b, 113b, 126, 137, 139, 140, 141, 144, 145,
149, 150–151, 168, 169, 170–171, 172–173, 198, 200, 201, 207, 217,
224, 225, 226, 227, 228, 229, 230–1, 232, 233, 235, 236–7, 238–239;
International Olympic Committee
220–221; Library & Archives of Canada 71; PA Images 10–11,13,
14, 17, 18, 19, 21, 25, 32, 33b, 38, 39, 40, 47, 52, 55, 58, 60, 61, 62–63,
64b, 68–69, 70, 72, 80–81, 84t, 85, 86, 88–89, 91–92, 93, 94, 95, 97,
98, 99, 100, 101, 102, 106, 109, 110t, 114, 115t, 116–117, 125, 127, 138,
142, 146–147, 148, 152–153, 154, 155, 156–157, 158, 160–161, 162–163,
164, 166–167, 177, 188–189, 192, 197, 199, 211t, 213, 218–219, 234, 240;
Rex/Shutterstock 64t, 208t, 209, 210b, 211b; Royal Collection
Trust/ Her Majesty Queen Elizabeth II 2017 12, 14, 159.
Picture research completed by Victoria Hall.
This edition arranged with Ilse Sand
through BIG APPLE AGENCY, INC., LABUAN, MALAYSIA.
Traditional Chinese edition copyright:
2022 Infortress Publishing Ltd.
All rights reserved.

Demi-Couture 002

QUEEN ELIZABETH II:
A CELEBRATION OF HER LIFE
AND REIGN IN PICTURES

皇冠之下——
伊莉莎白二世的眞實與想像：

BBC獨家授權，
見證女王陛下輝煌一生的影像全紀錄

作者｜大衛・索登 David Souden
譯者｜李函

堡壘文化有限公司

總編輯　簡欣彥　　　副總編輯　簡伯儒
責任編輯　簡伯儒　　　行銷企劃　許凱棣、曾羽彤、游佳霓、黃怡婷
封面設計、內頁構成｜IAT-HUÂN TIUNN

出版｜堡壘文化有限公司
發行｜遠足文化事業股份有限公司
地址｜231新北市新店區民權路108-2號9樓
電話｜02-22181417
傳眞｜02-22188057
Email｜service@bookrep.com.tw
郵撥帳號｜19504465遠足文化事業股份有限公司
客服專線｜0800-221-029
網址｜http://www.bookrep.com.tw
法律顧問｜華洋法律事務所　蘇文生律師
印製｜呈靖彩藝有限公司
初版1刷｜2022年11月
定價｜新臺幣1200元
ISBN 978-626-7092-92-7

Copyright © David Souden 2022
Copyright © Woodlands Books Ltd 2022
QUEEN ELIZABETH II first published in 2022 by BBC Books an
imprint of Ebury Publishing, a part of the Penguin Random House
group of companies

CONTENTS
目錄

INTRODUCTION
介紹

英國廣播有限公司（British Broadcasting Company）於1922年成立，伊莉莎白·亞歷山德拉·瑪麗（Elizabeth Alexandra Mary）則於1926年出生。其中一方成為簡稱BBC的英國廣播公司（British Broadcasting Corporation），於1927年取得皇家特許狀後成立。另一方則在1952年成為伊莉莎白二世（Elizabeth II）：大不列顛暨北愛爾蘭聯合王國與其他海外領地的女王，同時也擁有澳洲女王、加拿大女王、大英國協元首、信仰捍衛者（Defender of the Faith）、蘭開斯特公爵（Duke of Lancaster）等其他不凡頭銜。1920年代沒有任何人會想像到這兩個新生兒的未來。

近一世紀後的現在，我們不需要想像了。BBC度過了一百週年紀念，英國女王伊莉莎白二世則已逝世。她的一生漫長而充實，也是世上在位最久的君主。對聯合王國、整個大英國協和她擔任元首的地區中大部分人民而言，他們只擁戴她作為元首。

1950年代早期，在伊莉莎白公主登基後，就有人談起了新伊莉莎白時代，希望這能與16世紀晚期的國家文化盛世媲美。那種想法迅速受到屏棄，新女王自己也是反對者，但這確實是個新伊莉莎白時代。全世界以史上前所未見的速度經歷改變。這是個科技時代，大眾傳播時代，也是電腦時代。英國眼看超級強權來來去去，儘管依稀記得，卻也有些遺忘自己不久前曾是帝國強權。我們提到「維多利亞時代」（Victorian），而從許多層面看來，已故的女王相當注重她的高祖母所做過的事，以及高祖母似乎象徵的時代。現在我們該談「伊莉莎白時代」的未來嗎？

　　因此這本紀念書應運而生。過去的90多年見證了傳播上的革命。屬於蒸汽船、電報與早期電話的維多利亞時代，已經成了充斥大眾航空旅遊、衛星、智慧型手機、網路、電腦控制與電玩的現代世紀，無時無刻都在世界各地運作中。在英國，當伊莉莎白公主坐嬰兒車時，所有21歲以上的女性才終於取得投票權。現代君主與王室（Royal Family）可能遠比過去更開放，也更接近人民。

　　但同時，這也是過去賜予未來更大信服力的時刻。遺產是門大事業。面對急速變化時，保存的衝動就此浮現。我們產生了名人崇拜。隨著王室的政治力量減弱，典禮也變得更加公開，也經常成為奇景。王室婚禮、加冕禮、國會與葬禮儀式、生日與禧年：這一切都成為新伊莉莎白時代的公眾元素。此時持續出現開幕典禮、表演、演說、娛樂、授銜儀式、遊程、名人出巡和接見會。幾乎可以肯定的是，英國女王伊莉莎白二世已成為全世界最多人親眼見過的對象。

那就是這本書的本意。本書記錄了女王私人與公衆生活的諸多面相，並使用非常獨特的鏡頭：BBC。兩者不只一同出生，也一起長大，關係經常相當緊密。他們並非總是緊密，女王有時還覺得特別警惕，但在女王的一生中，BBC總會在場報導事件，爲王室生活製造全新面貌，並部份透過女王與她的家族，在國內與海外提倡英國特質。這點首先在無線電上發生，但於1930年代轉移到電視上。

　　BBC本身的龐大資料庫中擁有錄音與照片，本書的核心便是圖片資料庫。伴隨圖片的詳細文字記錄了女王一生與執政期的故事：她的成長歷程，踏入公衆生活，她的丈夫與他們的家族，讓她登上王位的命運轉折，她的旅行，她的責任，她的公衆面相，與她對馬匹和狗的熱愛。BBC廣播涵蓋了第二次世界大戰結尾，她孩子們的出生與婚姻，她的官方生日，她父親與她自己的加冕禮，海外行程和國內參訪，賽馬場到國會大廈，她的聖誕演說，現在則是她的葬禮與繼承人公告。

　　儘管她是世上最知名的女子和偉大公衆人物，她也是個相當注重隱私的人。每個人似乎都想知道女王的眞實個性，但只有少數親近人士有幸能一窺眞相。身爲立憲君主，她能統治但無法掌權，而她的個人意見只有在偶然狀況下，才會流傳到民間。擔任六十多年以來的君主與憲法元首，女王看過各種重要國家文件，每週也會和溫斯頓・邱吉爾（Winston Churchill）到鮑里斯・強森（Boris Johnson）等一連串首相會談。她的政治知識可能無人能與之匹敵，但很少人能得知那股知識。只有在非常罕見的狀況下，也通常是事先安排好的活動中，才會有人得以看到女王生活與工作上的這層面。

女王令人肅然起敬而廣受歡迎，也飽受敬愛。年輕時的她就已充滿魅力，她的嗓音與一生中的外表也使她成爲衆所週知的人物。BBC的照片與她齊頭並進。自從她踏入公衆生活，到她在王位上的多年時間中，她的責任感、同情心、家族驕傲與對她人民的愛，都從記錄她生活的照片中散發而出。

CHILDHOOD
童年

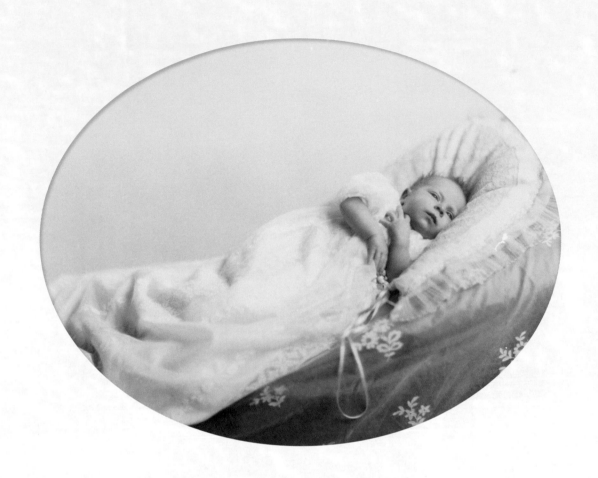

王室嬰兒誕生

約克公爵夫人（Duchess of York）是喬治五世（King George V）次子的妻子，她在1926年4月21日在倫敦布魯頓街（Bruton Street）生下第一個孩子。那並非易事，王室夫婦得到許多（或任何）子嗣的機會似乎十分渺小。女孩被命名爲伊莉莎白·亞歷山德拉·瑪麗，名字由來是她母親與兩位王后，分別是她的祖母與曾祖母。在大罷工（General Strike）前出生的這名嬰孩，爲國內要聞的陰鬱時期帶來了一線曙光，未來她將成爲英國女王伊莉莎白二世。

三歲時在嬰兒車中

寶寶的祖母瑪麗王后（Queen Mary）叫她「膚色美麗、頭髮漂亮的小可愛。」大眾對新公主產生了顯著興趣，前往皮卡迪利街145號（145 Piccadilly）定居的新王室家庭也一樣。伊莉莎白很快就成為她國王祖父的掌上明珠。嬰孩時期伊莉莎白公主的首次王室揮手，顯示出她在年幼時就習慣了公眾關注。當她妹妹瑪格麗特・蘿絲（Margaret Rose）在一年後的1930年出生時，她得到的關注已與日俱增。

終生摯愛

女王對馬匹的愛從小就已萌生,她的
第一匹小馬是匹名叫佩姬(Peggy)
的昔德蘭(Shetland)矮種馬。六歲
時,公主就已能輕易騎馬了。

約克家庭

約克公爵（Duke of York）與公爵夫人（Duchess of York）和他們的兩個女兒，伊莉莎白（左）和瑪格麗特·蘿絲。公爵經常因王室責任而離開，有時父母兩人都不在；當她父母前往澳洲進行王室拜訪時，依然將還是小孩的伊莉莎白公主留在家中。子女由女家庭教師養大，在王室與貴族家庭中並不罕見。一家人迅速過起快樂生活，住在倫敦和溫莎（Windsor），享受鄉間運動，有時也參與儀典活動。

特別的禮物

當她六歲時，伊莉莎白公主收到威爾斯人民的一份禮物：一座屬於她的三分之二尺寸小屋。這座小屋於1932年交給她父母親約克公爵與公爵夫人，前一年他們剛接管溫莎公園（Windsor Park）的皇家莊園（Royal Lodge）。小屋是送給小公主的禮物，讓她和妹妹瑪格麗特・蘿絲公主一起使用。由於這是來自威爾斯人民的禮物，它便得到了一個威爾斯名字：Y Bwthyn Bach，意思是「小房子」。女孩們會在這裡玩扮家家酒。

繼承順序

伊莉莎白公主，由社會畫家菲利浦・迪拉斯茲洛（Philip de László）在1933年繪製。如果在1936年接下父親王位、成為愛德華八世（Edward VIII）的威爾斯親王（Prince of Wales）有孩子的話，伊莉莎白的繼承順位就會往後移。如果她父母有兒子的話，她就會受到取代。這兩種狀況都沒有發生，不過在她父親登基後，伊莉莎白公主一直是推定繼承人，而不是當然繼承人，直到他在1952年逝世。

展開公衆生活

王室成員在年幼時就得參加公開活動與軍事活動。1935年夏季,約克公爵夫人帶她兩個女兒,瑪格麗特·蘿絲(人行道上)與伊莉莎白(走下王室座車),出席倫敦的皇家戰技競賽(Royal Tournament)。

家族與國家危機

1936年底，約克公爵與公爵夫人的世界遭逢巨變，他們女兒們的前景也同樣改變了。喬治五世駕崩後，公爵的哥哥愛德華八世國王於1月20日登基。不過，他在1934年與一位美國女子陷入熱戀，對方是結過兩次婚的華麗絲・辛普森太太（Wallis Simpson）。他們無法同時結婚並讓他保留王位。到了12月9日，國王決定自己必須退位。在國會允許了退位約法（Instrument of Abdication）兩天後（首相史丹利・鮑德溫〔Stanley Baldwin〕親自將一份副本交給BBC總裁），他便對全國做出重大廣播。

王室傳統

在1937年的聖誕節,喬治六世國王坐在麥克風前發
表了第一份聖誕演說,使用他父親使用過的同一
張書桌,他女兒有一天也將使用這張桌子。喬治五
世在BBC早年開始進行年度聖誕演說,作為國民
與大英帝國連結的方式。愛德華八世退位引發的動
盪,代表在1936年沒有王室演說,但此後這項傳
統幾乎毫不中斷地延續下去。近一世紀後,它和其
他儀典責任一樣,已成為君主政體的一部分。

1937年加冕

1937年5月12日，喬治六世國王與伊莉莎白王后（Queen Elizabeth）接受加冕時，便締造了廣播上的歷史，BBC的麥克風也得到允許能進入西敏寺（Westminster Abbey），讓聽眾現場收聽加冕典禮。此舉相當有爭議性；有些人害怕此舉有失尊嚴，但眾人最後打消了顧忌。年輕的公主們扮演了她們的角色，頭戴小型黃金冠冕，臉上流露喜悅之情；王室成員們則在白金漢宮（Buckingham Palace）陽台上鞠躬。

戰爭逼近

在滑鐵盧站（Waterloo Station）的電視轉播中，伊莉莎白公主和瑪格麗特公主向她們的父母喬治六世國王與伊莉莎白王后道別，夫婦倆於1939年5月前去拜訪加拿大。與德國的戰爭迫在眉睫，而儘管國王支持內維爾·張伯倫（Neville Chamberlain）的綏靖政策，現實現在已壓垮了謹慎。王室拜訪是為了在戰爭發生的狀況下，加強加拿大的支持（並嘗試跨越邊界進入美國），並尋求美國的援助。

WAR AND AFTER
戰爭與戰後

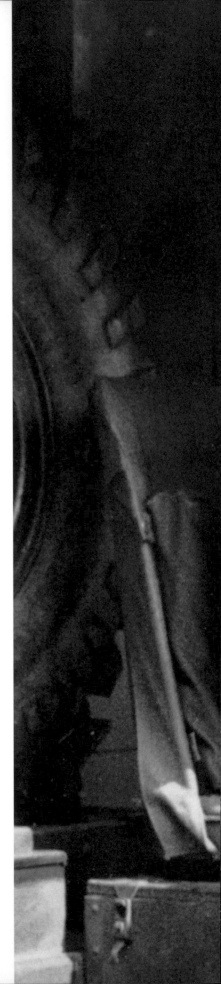

「依正義而行義舉」

1939年9月3日，英國向德國宣戰。那晚，當王室孩童們安全地待在溫莎後，喬治六世國王便讓國民與帝國準備好面對戰爭時期的狀況。「任務艱困無比。黑暗時期即將到來，戰火也不只在戰場上延燒，但我們得依正義而行義舉，並恭敬地將目的託付給上帝。如果全國一心，對目標忠誠不移，準備好盡責或犧牲，那麼上帝必將保佑我們，使我們旗開得勝。」八個月後，面對德軍穿越比利時、跨進法國的急速進攻時，敦克爾克（Dunkirk）大撤軍的恐怖光景便驗證了他的說法。

喬治六世國王是個羞怯又緊張的演說者，每年聖誕節當他向國民與帝國演說時，總會受到口吃干擾。國王最深植人心的演說，發生在1939年聖誕節，當時是第二次世界大戰發生三個月後。他的撫慰話語中引用了一位鮮為人知的詩人明妮・露易絲・哈斯金斯（Minnie Louise Haskins）筆下的詩詞，這些話語將駐留在人們的記憶中。「我向新年大門旁的人說：『給我一道光，讓我安然步入未知。』他回答：『踏進黑暗，將你的手放在上帝的手中。那對你比光芒更好，也比熟悉的路途更安全。』」

公主的第一次無線電廣播

「國內有數千人得離開你們的家園,和你們的父母親分離。我妹妹瑪格麗特·蘿絲和我為你們感到難過,我們體驗過遠離自己最愛的人的感受。」兩名公主在1940年做出第一次無線電廣播,時值英國最黑暗的時刻,當時連孩童都為戰爭出一份力。在戰爭前,儘管BBC或其他媒體企圖說服王室,讓伊莉莎白公主進行無線電廣播,但總是受到駁回;但現在情況不同。公主在10月13日的話語開創了一系列和「戰時兒童」有關的無線電廣播,在國內外都能聽到內容。十歲的瑪格麗特·蘿絲說出結尾。「我妹妹在我身旁,我們倆都要向你們道晚安了。來吧,瑪格麗特。」「晚安。晚安,祝你們好運。」

溫莎居家生活

在戰爭時期，伊莉莎白公主和瑪格麗特公主花了很多時間待在溫莎城堡（Windsor Castle），她們的父母則經常來訪。在1941年，當這張王后與公主們的照片被拍下時，服飾配額制（clothing rationing）才剛出現，王室也和其他家庭一樣得遵守同種限制。儘管有人大力建議將王室（特別是孩子們）送到海外以策安全，他們卻堅定地留在國內。

轟炸

1940年9月13日，國王與王后站在白金漢宮遭到轟炸的毀損處。宮殿是納粹德國空軍（Luftwaffe）的特定目標，因為納粹最高指揮部認為毀滅王宮會使國內士氣大減。此舉產生了反效果。王后曾說出知名話語：「我很高興我們遭到轟炸。現在我可以好好瞧瞧倫敦東區了。」王室主要住在溫莎，公主們也留在那，已遠離遭到戰火波及，但她們的父母覺得讓人們在倫敦看見自己、並造訪受創地區十分重要。

鄉間生活

公主們在溫莎度過單純而愉快的
生活，在城堡內外玩耍，並在公
園中與她們的動物們相處，或是
駕駛小馬車。

在溫莎練習鋼琴

隨著她長大，伊莉莎白公主
將她的智力與政治理解，拓
展到育兒室和她的家庭教師
瑪麗恩・克勞福（Marion
Crawford）（也就是備受敬
愛的「克勞菲」〔Crawfie〕
）以外的世界。德・貝萊格
子爵夫人（Vicomtesse　de
Bellaigue）教她法語，伊頓
中學（Eton）的校長教導她
憲法事項，她則廣泛閱讀，
偏好歷史小說。1942年，16
歲的她受封擲彈兵衛隊榮譽
上校（Colonel-in-Chief of
the Grenadier Guards），
這是她正式踏進儀典生涯的
第一步。

聖誕表演

聖誕節時，公主們在溫莎城堡上台表演，主
演她們幫忙策畫的啞劇。當戰爭持續進行
時，這些表演變得更加細緻，觀眾們也熱愛
其中的舞蹈、戲服與糟糕的笑話。

成年

公主十八歲生日時,她已經能在毋須攝政人
的狀況下自行執政。但有項法律異例規定如
果國王出國或無法行事,伊莉莎白公主得等
到21歲,才能成為國務顧問(Counsellor of
State)並為他代理職務。在緊急通過的法
令修正該異例後,當國王於1944年7月拜訪
義大利時,伊莉莎白公主便成為國務顧問,
當時的電台聽眾們正期待高漲地追蹤盟軍在
D日登陸後穿越歐洲的過程。身為顧問,伊
莉莎白對國會呈上的法案發布御准(Royal
Assent),這是她第一項正式憲法職責。

1945年，18歲的伊莉莎白公主
親自為戰事盡一份力。

爲國服務

當第二次世界大戰進入最後階段時，伊莉莎白公主成了新的王室女英雄；她容貌美麗，散發出健康與活力，也象徵了當戰爭結束後，新世代就會得勝的希望。她逐漸踏入公衆生活中，當她造訪國內地區、見證船舶下水和第一次發表公開演說時，電台聽衆與戲院新聞短片觀衆都關注著她。儘管她父母不太願意，伊莉莎白公主依然克服了他們的反對，在1945年2月加入了其中一支女性部隊：本土輔助部隊（Auxiliary Territorial Service）。

伊莉莎白公主進行她的本土輔助部隊車輛維修訓練，此時她在薩里郡（Surrey）的坎伯利（Camberly）的一號機械運輸訓練部隊（Mechanised Transport Training Corps/MTTC）上服役，並在六週後得到駕駛資格。據說，她的車輛訓練在日後的艱困情況中對她大有助力，當時她的車輛在蘇格蘭偏遠地帶故障。

勝利

當歐洲迎來勝利時，兩名公主便從白
金漢宮偷溜出去，加入林蔭大道（the
Mall）中的歡騰群眾。隔天，1945年5月
9日，國王與王后和兩名公主造訪倫敦東
區，這是王室在戰時進行的一連串訪視
行程之一，以便在倫敦遭到轟炸最嚴重
的地區鼓舞士氣。史都華‧麥克菲爾森
（Stewart MacPherson）在錄音車中
跟著王室一行人，也報導了慶祝場面。

　　儘管抗日戰爭一直持續到8月，但1945年5月是歐戰勝利的慶祝月。5月13日，國王與王后帶著伊莉莎白公主和瑪格麗特公主，去聖保羅座堂（St Paul's Cathedral）參加了年度感恩禮拜（national service of thanksgiving）。全國人民仔細聽著無線電，就像在戰爭的黑暗時期中聚精會神地聽新聞一樣。

成為女人

拍下喬治國王與伊莉莎白公主於1946年7月享受陽光的照片時，
年輕英俊的海軍上尉菲利浦・蒙巴頓（Philip Mountbatten）
正在追求公主。他是她的遠親，也是希臘王室的年輕成員。這
段關係逐漸成熟，兩人在一年後訂婚。

1947年，王室坐船前往南非。如同諸多王室訪視行程，這趟行程有政治和社交動機，在面對南非白人的反對與卽將到來的種族隔離（apartheid）時，企圖讓南非成爲大英帝國中不可或缺的一部分。這項計畫最終失敗，南非也成爲共和國，並在1961年離開大英國協。搭乘前衛號戰艦（HMS Vanguard）往南並跨越赤道時，具有海軍背景的國王便下令讓船員們喝酒。

她1947年的21歲生日當晚，在前往南非的王室訪視行程中，伊莉莎白公主坐下來拍了張非正式照片。自從1939年第一場王室訪視和戰爭爆發後，BBC電視（BBC Television）就爲居家觀衆播出了一連串短片。

1947年4月12日

在伊莉莎白公主21歲生日時,她檢閱了南非軍隊,參加了爲了致敬她而舉辦的舞會,也對帝國發表了廣播演說。在演說中,她貢獻出自己與未來的生活。「我在各位面前宣布,無論我的一生或長或短,我都會將之致力於服務各位。」幾乎在她出航五年整後,她成爲了女王,接下她父親喬治六世國王的王位。她的未來還有漫長的服務生涯。

MARRIAGE
AND FAMILY
婚姻與家庭

王室訂婚

BBC迅速計畫了一系列電台訪談，以紀念
公主與菲利浦‧蒙巴頓訂婚，認爲在南非
行程後，這樁消息就會立刻公開。菲利浦
親王（Prince Philip）是路易‧蒙巴頓公爵
（Lord Louis Mountbatten）的外甥，曾
在蘇格蘭接受教育，也是戰時的海軍英雄，
因此王室圈迅速接納了他。身爲希臘王室的
年輕成員，還和其他歐洲王室與貴族豪門有
廣泛連結，使他具有顯赫家世。然而公布受
到延後，並在1947年7月9日才公諸於世。

他們要舉辦華麗的公開
婚禮，也是第一次有電
視轉播的王室婚禮。進
出西敏寺的遊行路線上
每個有利位置，都裝設
了電視攝影機。

王室婚禮

1947年11月20日，國王和他的女兒伊莉莎白公主搭著愛爾蘭國家馬車（Irish State Coach）抵達西敏寺，來參加她的婚禮。這是件媒體大事，電台與電視都對此做出報導，大批民眾也排在從白金漢宮出發的遊行路線上，渴切地想瞥見王室新娘。或許先前沒有任何王室婚禮吸引過如此高漲的興致與風頭。

伊莉莎白公主與受封爲愛丁堡公爵（Duke of Edinburgh）的菲利浦親王，在婚禮後離開西敏寺。象牙白絲質婚紗由諾曼·哈特內爾（Norman Hartnell）設計。這件婚紗的靈感來自波提且利（Botticelli）的《春》（Primavera），上頭繡了進口自美國的白色小珍珠、銀線縫製、閃亮的水晶和透明的嵌花薄紗刺繡，以及13英呎長的拖擺。這件婚紗激起了顯著的公衆討論。這是場迎來喜悅的事件，有位美國評論員將之描述爲「電影首映會、選舉、國際頻道（World Service）與蓋·福克斯之夜（Guy Fawkes Night）合成一體。」

電視復活

電視這種新媒體在第二次世界大戰時遭禁,而當戰爭結束、窘迫的財務情況也允許之下,電視播送便再度開始。1948年7月,伊莉莎白公主和愛丁堡公爵造訪了亞歷山德拉宮(Alexandra Palace),親自看電視運作,也看了《傻瓜赫伯特》(Hulbert Follies)[1]的現場播出。和王室成員一同拍照的是BBC的重要人物,包括雷丁夫人(Lady Reading)(中央),她是BBC的董事,因她在戰時的工作而聞名,當時她是女子志願服務(Women's Voluntary Service)的創辦人。

1譯注:BBC於一九四八年製播的喜劇節目。

兒子和繼承人

婚禮一年後,兒子和繼承人出生了:康瓦爾公
爵(Duke of Cornwall)查爾斯·菲利浦·亞
瑟·喬治(Charles Philip Arthur George)。
電台驕傲地宣布公主安全地生下王子。

王室洗禮

查爾斯王子在1948年聖誕節十天前受洗，官方照片
則拍下了四個王室世代的成員：伊莉莎白公主和她兒
子，她父親喬治六世國王與他的母親瑪麗王后。查爾
斯的妹妹安妮（Anne）在兩年後出生，在這段時間
中，王室成員全員到齊。

1948年5月，這對新婚夫婦首度進行官方海外拜訪行程，並前往巴黎。在造訪過凡爾賽（Versailles），並依照維多利亞女王（Queen Victoria）來訪時使用的同一條路線拜訪後，伊莉莎白公主和菲利浦親王便乘船在塞納河（Seine）上遊覽。

王室拜訪亞歷山德拉宮的電視片場，該片場在戰爭年代關閉後再度開張。他們親自見識了這項新穎媒體。

王室道別

當仍相對年輕的國王健康逐漸走下坡時，伊莉莎白公主便從他手上接下部分王室責任。1952年1月31日，伊莉莎白公主和菲利浦親王代替她父親前去訪視大英國協，國王不佳的健康狀況使他無法遠行。國王與王后，加上瑪格麗特公主，都站在倫敦機場（London Airport）的柏油停機坪上，向夫婦倆揮手道別。這是公主最後一次看到她父親；僅僅幾天後（2月2日），當她在行程開始前前往肯亞度假時，她便得知晚上他在位於桑德靈厄姆（Sandringham）的諾福克（Norfolk）住家駕崩。被問到她要選擇哪個尊號時，她說當然是自己的名字了，於是她成為伊莉莎白二世。

女王

她以公主身分離開英國，一週後回來時已成了
女王。她的首相溫斯頓‧邱吉爾爵士站在機場
停機坪上等待，準備迎接伊莉莎白二世。

宣詔

在聖詹姆士宮（St James's Palace），兩側有先鋒官們簇擁的嘉德紋章官（Garter King of Arms）喬治‧貝魯爵士（Sir George Bellew），宣告了新元首即位，隨即前往倫敦的不同傳統地點做出同樣的宣詔。登基會議（The Accession Council）在國家外交大廳（State Apartments）中舉行，地點就位於先鋒官們站立的位置後。「我的內心滿溢情感，」新女王說，「使我今天只能向諸位宣告，我將永遠像我父親一樣努力。」

王室葬禮

在喬治六世的葬禮上，由水手拖行的炮架載運他的棺木，上頭披著皇家旗與帝國皇冠，從西敏寺的葬禮運往溫莎城堡的聖喬治禮拜堂（St George's Chapel）埋葬。

三位女王站著為喬治六世國王哀悼：他女兒新任女王伊莉莎白二世，他母親瑪麗王后，和他的遺孀伊莉莎白王太后。她們看著他的棺木被送往西敏廳（Westminster Hall）供大眾瞻仰，就和他父親在十六年前一樣。

聖誕致辭

1952年聖誕節，女王進行了第一場聖誕廣播。電台麥克風讓她的話語傳遍全球。「每年聖誕節，在此時此刻，我親愛的父親都會向他在全世界的人民廣播致辭。今天我同樣向各位致辭，各位現在是我的人民了……聽我談話的大多數人都待在自己家中，但我爲在遙遠地區爲國效命、遠離家人的人們，抱持了一份特殊心意。」

1953年的廣播大樓

為了致敬新女王和她的統治，BBC在1953年
2月27日舉行了一場特別表演，由廣播大樓
（Broadcasting House）的電台和麥達維爾
錄音棚（Maida Vale Studios）的首席藝人
們參與。女王和愛丁堡公爵一同前來，總裁
伊恩‧雅各爵士（Sir Ian Jacob）（右）則
迎接兩人。當時有不少人談起全新的伊莉莎
白時代，也希望會出現足以與十六世紀晚期
媲美的文化盛世。儘管眾人很快就會再度面
對現實，新女王的加冕依然重振了王室生活
的禮節與威嚴。

CORONATION
加冕禮

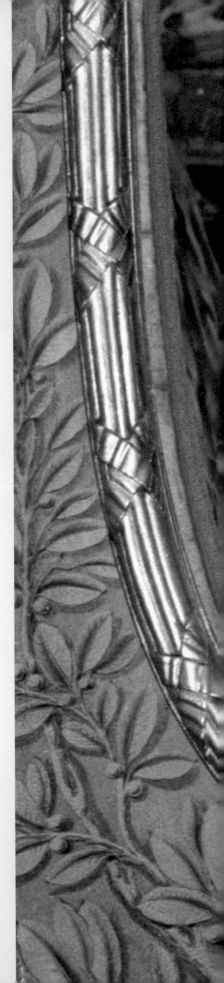

新時代開始

女王加冕的君主登基儀式,以在電視上前所未見的近距離方式呈現。這場加冕禮直到戰後的艱苦生活接近盡頭時才舉辦,當時有數百萬人首次看到電視。當天的活動改變了王室的私人空間與電視的影響力,並幫助開創了嶄新的媒體時代。有2700萬名觀眾觀看了電視直播。

電視上的大典

女王的加冕禮日期是1953年6月2日。菲利浦親王負責管理籌備委員會。他希望能引進更現代的元素,但這必定會是場盛大的歷史性事件,比起未來,更呼應了過去。與過去不同的是,西敏寺中允許裝設電視攝影機,電視也播出街上的遊行與慶典。

剛開始，據說女王不願意讓電視轉播典禮；加
冕禮既神聖且私密，也有人擔心典禮不適合在
電視上播放。在大量公眾與媒體抗議後，女王
決定讓攝影機進門。

促成在電視上轉播加冕禮這決定的關鍵是理查·丁伯比（Richard Dimbleby），他用飽滿的嗓音和動人的文句提供了實況評論。聽眾與觀眾記得他在前線和解放貝爾森集中營（Belsen）時的戰時報導。他的話語和照片一樣，成爲加冕禮的重要部分。「女王陛下歸還了寶球，大主教現在將戒指戴到她右手的第四根手指上，戒指上有顆藍寶石，上頭還有紅寶石十字架。這經常被稱爲英格蘭之戒（the Ring of England）。」

當女王從白金漢宮前往西敏寺時，大量列陣士兵與她同行。

遊行路線旁豎起了凱旋門與觀眾席,從西敏寺
延伸出不同的來回路線。觀眾席中的座位由選
票分配。人們耐心地等了好幾個小時,以便瞥
見遊行隊列;在數天的好天氣後,他們的興奮
之情只稍微受到冰冷大雨影響。

還記得自己1937年加冕禮的王太后，抵達
了西敏寺的西門，由瑪格麗特公主陪同，
擔任司禮大臣（Earl Marshal）的諾福克
公爵（Duke of Norfolk）則負責迎接。

王室金馬車（The Gold State Coach）經過國會
廣場（Parliament Square），並駛向西敏寺。

在杜倫（Durham）、巴斯（Bath）與韋爾斯（Wells）主教們攙扶下，女王戴著聖愛德華王冠（St Edward's Crown）登基坐下，之前她已接受王國中的貴族致敬，她丈夫則是向她宣誓效忠的第一人。

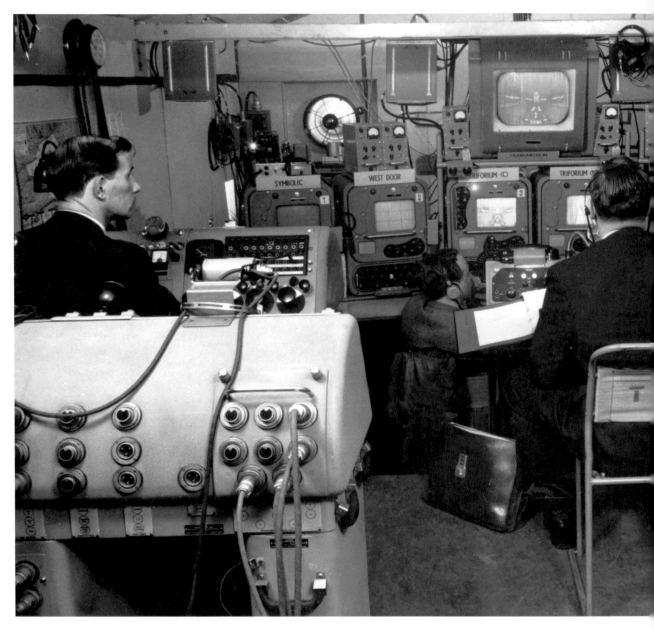

1953年的加冕禮，是BBC遭遇過最龐大、技術上也最具挑戰的任務。除了廣播攝影機外，還需要工作人員、記者、配電室、視聽編輯室、視覺混合器和各種機械設備。西敏寺中設立了一處臨時控制室。遊行路線上各處有利點和西敏寺內外都裝設了攝影機。空中運輸工具也隨時待命，準備將活動影片轉播給等待中的外界。新的播送設備也參與了這場任務。

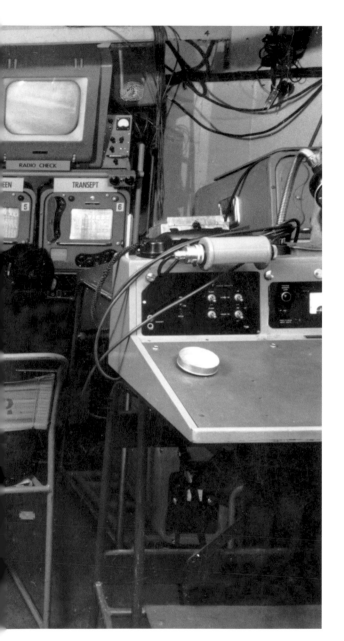

每個良好的拍攝有利點（此處是白金漢宮外的維多利亞女王紀念碑〔Victoria Memorial〕）都受到徵用，讓攝影機、錄音師與評論員使用。

女王對群眾露出亮麗笑容，頭
戴帝國皇冠，並搭乘王室金馬
車回到白金漢宮。

在加冕禮後回到白金漢宮時，剛經歷加冕與受膏的
女王帶著寶球，走向等待她的家人、朋友、朝臣、
賓客與攝影師們。

這張驚人的官方加冕肖像由賽西爾·比頓（Cecil Beaton）照攝於白金漢宮，後頭的背景則是西敏寺畫像。

當他們從西敏寺回來，也拍完官方照片後，新加冕的女王便在白金漢宮的陽台上，與她的家人一同鞠躬了許多次。

蘇格蘭的榮譽

加冕禮三週後，女王來到蘇格蘭。在蘇格蘭感恩禮拜（Scottish National Service of Thanksgiving and Dedication）中，女王在愛丁堡的聖吉爾斯大教堂（St Giles' Cathedral）中接受了蘇格蘭皇冠珠寶。愛丁堡公爵出席時穿著陸軍元帥制服。自1822年喬治四世（George IV）造訪愛丁堡後，蘇格蘭皇冠首次在遊行中受到使用；女王將皇冠交給漢密爾頓公爵（Duke of Hamilton）保管，他是蘇格蘭的第一貴族（premier peer）。

王冠與鑽石

在1977年的BBC的電視節目《皇家遺產》（Royal Heritage）中，播音員休‧韋爾頓（Huw Weldon）和史學家J‧H‧普倫布（J.H. Plumb）追溯了王室收藏（Royal Collection）的故事，那是每位君主負責保管的驚人藝術品收藏。女王配戴了1821年為喬治四世所製作的鑽石王冠，上頭包含了聯合王國中國家的徽記。她在照片中指向帝國皇冠，她每年在國會開幕大典（State Opening of Parliament）都會配戴這頂皇冠，而她在自己的加冕禮首度戴上它。當天她用聖愛德華王冠加冕，此王冠只會在那一刻與那一場合中使用。

金與油

當君主以聖油受膏時，會在加冕典禮中使用聖壺與加冕匙；2012年，聖壺與加冕匙從它們在倫敦塔（Tower of London）的保存處中，移轉到蘭柏宮（Lambeth Palace）中的多元信仰招待會中，那裡是坎特伯里大主教（Archbishop of Canterbury）的住所。此活動象徵了女王的登基鑽禧紀念（Diamond Jubilee）。這些古老的儀典物品代表當女王登基、受到人民喝采時，她也背負了神聖責任。

PUBLIC LIFE
公眾生活

以免我們遺忘

加冕年的國殤星期日（Remembrance Sunday）當天，女王在白廳（Whitehall）的和平紀念碑（the Cenotaph）主持了對兩次世界大戰中亡者的全國紀念典禮。她在統治期內鮮少錯過這段年度儀式；在那段特定期間中，英國士兵們正在韓國作戰，也在馬來西亞對抗叛亂份子。日後她的武裝部隊則到福克蘭、伊拉克和阿富汗參戰。

她的第一任首相

當女王的第一任首相溫斯頓·邱吉爾爵上退休時，他邀請了女王到唐寧街10號（10 Downing Street）共進晚餐。由於2年前中風過的緣故（這件事並沒有讓大眾知道），邱吉爾終於接受說服而下台。他非常喜歡年輕的女王，也爲她感到驕傲。1976年的哈羅德·威爾遜（Harold Wilson），是另一位有幸在退休時邀女王共進晚餐的首相。

1953年造訪BBC

作為在加冕年造訪BBC行程的一部分,女王參訪了萊姆園攝影棚(Lime Grove studios),並在此觀賞戲劇《討厭鬼》(*The Disagreeable Man*)的播放過程,也參與了綜藝節目《供您開心》(*For Your Pleasure*),還看了大受歡迎的益智節目《動物,植物,礦物?》(*Animal, Vegetable, Mineral?*)第1集,和全國一同對節目中的知識感到驚奇。

閱兵

女王於1953年在漢普頓公園（Hampden Park）
檢閱蘇格蘭將士。

亮麗衣著

女王學會獨特的穿衣方式，時機合宜時穿著在人群中搶盡風頭的彩色衣服，或穿戴配合場合的肅穆黑衣。她的帽子成爲她官方服飾中不可或缺的部分，而1955年造訪布雷肯（Brecon）時，她的帽子也使她成爲人群中的焦點。

皇家命令

皇家電影表演（Royal Command Film Performance）是場年度盛事，銀幕上的明星們都會在影片播映前會見女王。1956年的選片是《大西洋爭霸戰》（The Battle of the River Plate）。瑪莉蓮·夢露（Marilyn Monroe）（她正在拍攝《游龍戲鳳》〔The Prince and the Showgirl〕）遇上了華麗氣質能與自己匹敵的伊莉莎白二世。

西敏寺先鋒官

1956年有許多官方活動，
典禮也需要恰當裝扮。

表演時間

在1953年的年度皇家大匯演（Royal
Variety Show）當晚獻唱的厄莎·
凱特（Eartha Kitt），隨後她向女
王分享了她對自己表演的想法。

軍旗敬禮分列式

女王自己的生日在4月,但她遵循父親的傳統,在6月慶祝官方
壽辰。這是宣布授勳名單的兩天中的其中一天:這天也會舉辦
軍旗敬禮分列式(Trooping the Colour),並在儀式上將新
的軍旗正式遞交給衛隊團之一。集合起來的士兵與樂隊會在白
廳外的騎兵衛隊閱兵場(Horse Guards Parade)上遊行,而
多年來女王都會親自敬禮。

採用側鞍騎乘的女王，彰顯
出她知名的馬術技巧，這項
年度典禮是王室一年中的高
峰。典禮受到現場轉播，也
是BBC至關重要的年度王室
活動報導。

王太后和她的孫子們搭乘四
輪大馬車，前來參加1956年
的軍旗敬禮分列式大典。

由愛丁堡公爵伴隨的女王,在1967年的軍旗敬禮分列式中騎馬。她穩定的馬術技巧對她助益有加;1981年,當有人在群眾裡開火後,她控制住了名為緬甸人(Burmese)的馬。槍裡裝滿了空包彈。這件事使維安議題得到關注,多年來也變得更重大。

在1971年騎兵衛隊閱兵場上的軍旗敬禮分
列式中，威爾斯衛隊（Welsh Guards）的
軍旗在女王官方壽辰上受到檢閱。

陽台景象

在1985年的軍旗敬禮分列式後,出現在白金漢宮陽台上的王室成員們特別擁擠,因為新一代成員已前來參與盛會。女王和菲利浦親王,威爾斯親王與王妃和他們的兒子威廉王子(Prince William)與哈利王子(Prince Harry)都擠身其中。

馬車行程

在她統治期大部分時間中，電視觀眾們都
看過女王以側鞍騎乘方式，在馬背上參與
年度軍旗敬禮分列式。等到她的金禧紀念
（Golden Jubilee）時，她的年邁歲數代
表她現在偏好在馬車上主導典禮，但她對
此活動所感到的喜愛則從未削減。

聖誕致詞

女王的年度聖誕致詞是她治期中最令人熟悉的活動之一，也是家鄉與海外人民能看到她並傾聽她想法的主要機會。女王1989年的聖誕廣播是源自她祖父時代的漫長傳統；多年來在呈現方式與風格上有顯著改變，但一直維持著令人安心的精神：以各處家人與職務的角度，講述對世界的想法，與聖誕節的宗教重要性。選在英國的聖誕節下午三點播放，是由於這是世上大多地區都能在直播中聽到致詞的時間。對君主體系的變化而言，聖誕致詞宛如石蕊試紙，讓女王越來越有信心地處理媒體和人民對她的反應。

女王的1953年聖誕廣播是BBC的技術勝利，也確立了前一年六月時加冕禮所催生的莫大善意。當時女王在紐西蘭，正在她的大英國協訪視行程途中，離廣播大樓遙遠無比。紐西蘭既有的無線電傳輸設備依然不足以使用，於是便在斐濟的船上預錄演說，再從雪梨將之傳到倫敦。但這次並不需要使用預錄版本；無線電傳輸效果完美無瑕，世界另一頭的居家聽眾都能聽到女王的話語。有人談到全新的伊莉莎白時代，但新女王在致詞中不太理會這點。「坦白說，」她說，「我一點都不覺得自己像偉大的都鐸（Tudor）祖先，她沒有丈夫與子女，還是位專治君王，從來無法離開她的祖國。」

1957年，第一場電視轉播的聖誕致詞

1986年攝於皇家馬廄（Royal Mews）

1992年

2016年

1961年，有一半的英國人口都在看聖誕廣播；女王的聖誕致詞首度採用預錄形式，而當女王習慣提詞器後，講話方式便越趨自然。BBC想直播致詞，但不論如何，這都會打擾女王在聖誕節與家人共處的時間。廣播逐漸變得更爲精心製作，帶領女王離開了她的書房。

身為英國史上最常旅行的
君主（也可能是最常旅行
的國家元首），女王幾乎
走遍了全世界。在她的
1970年聖誕廣播中，她
展示了自己在治期內其中
一趟大英國協訪視行程中
的去處。

在她的1971年聖誕廣播
中，女王以前所未見的方
式讓家人參與，觀眾們看
到她與較年幼的兒子們一
起出現，也就是安德魯王
子（Prince Andrew）
和愛德華王子（Prince
Edward）。

1965年，溫斯頓·邱吉爾的葬禮

在聖保羅座堂中領導哀悼者們的女王，下令讓溫斯頓·邱吉爾
爵士獲得罕見的國葬特權。1965年1月30日，全國停止一切工
作，以紀念這位戰時領袖，他象徵了不屈不撓的英國精神。電
視轉播與電台事務規模極度龐大，跟隨著葬禮馬車隊伍從西敏
廳的公眾瞻仰儀式，一路到市區參加葬禮，接著從倫敦塔渡河
到滑鐵盧，最後搭火車到牛津郡（Oxfordshire）。全世界的
政治家與戰時領袖都來到倫敦。

英格蘭贏得世界盃，1966年

1966年收看英格蘭在溫布利球場（Wembley）贏得世界盃（World Cup）的觀眾，是BBC電視史上數量最高的觀眾群之一，英格蘭在加時賽中以飽受爭議的一記射門，在千鈞一髮之際獲勝；數十年後，這件事依然引人議論。當女王將雷米金盃（Jules Rimet trophy）交給英格蘭隊的隊長博比・摩爾（Bobby Moore）時，全國氣氛便為之沸騰。

另一座獎盃

當紐卡索聯足（Newcastle United）的隊長吉米・史庫勒（Jimmy Scoular）在1955年決賽中對抗曼城（Manchester City）後，女王向他道賀，準備將足總盃（FA Cup）交給他。

女王在1967年國會開幕大典的演說

國會開幕大典是歷史悠久的王家典禮,在14
世紀晚期已經建構得相當完善,也象徵新國
會年度的開始。這是象徵國會三要素統合的
儀式:王權(Sovereign)、上議院(the
House of Lords)和下議院(the House of
Commons)。現代典禮可追溯回1852年,全
新的西敏宮(Palace of Westminster)在該
年啟用;女王在1967年乘坐的愛爾蘭國家馬
車,亦在1852年首度受到使用。女王會進行御
座致辭(Speech from the Throne),講述
政府的目標與關鍵立法計畫。這或許被稱爲她
的致辭,但內容是由當時的政府所寫。該大典
於1958年10月23日首度受到拍攝,也首度受到
電視轉播。

冊封威爾斯親王

1969年7月1日，女王在卡納芬城堡（Caernarfon Castle）的典禮中，冊封她的長子查爾斯為威爾斯親王。這是場新舊世代交錯的活動，並在古老場所中舉辦盛典，其中還有由女王的妹夫斯諾登伯爵（Earl of Snowdon）設計的下彎塑膠玻璃的建築，他策畫了整場活動。路易斯·歐斯曼（Louis Osman）以帶有尖刺感的現代概念設計了王冠（加上王子王冠的單一拱狀結構）。10年前，在卡地夫（Cardiff）舉行的大英國協運動會（Commonwealth Games）中的錄音訊息裡（當時女王懷著安德魯王子），她宣布自己要將威爾斯親王的頭銜賜給查爾斯，而「等他夠大」時，她就會帶他去威爾斯，讓他的人民見他。歡呼聲與禱告聲一再迴響：「天佑威爾斯親王。」

冊封刹那。

女王與愛丁堡公爵走在他
們成爲威爾斯親王的兒子
查爾斯身旁。

慶祝BBC

為了紀念BBC電視25歲生日,女王在1961
年11月2日造訪全新的BBC電視中心(BBC
Television Centre),並與熱門兒童娛樂
節目《好傢伙》(Crackerjack)的班底
與製作團隊見面。

從1960年到2013年擔任BBC電視
總部的電視中心，擁有獨特的圓
甜甜圈型設計。這是王室第一次
造訪英國廣播業界龍頭，未來也
將到訪多次。

設定在薩里郡瑟比頓（Surbiton）的熱門BBC電視喜劇影集《美好人生》（*The Good Life*），在特別節目中受到王室拜訪。演員潘妮洛普・基斯（Penelope Keith）、費莉希蒂・肯德爾（Felicity Kendal）和理查・布賴爾斯（Richard Briers）歡迎女王來到片場。

1972年，BBC慶祝了50歲生日，46歲的女王便在波特蘭街（Portland Place）的廣播大樓爲展覽開幕。先前以「無線電醫生」名號出名的查爾斯・希爾（Charles Hill）（他也是哈羅德・麥米倫〔Harold Macmillan〕手下的政府大臣）負責陪同女王參訪，他在1967年至1972年間擔任BBC總裁。

BBC的兒童節目《藍色彼得》（*Blue Peter*）的播映長度幾乎和女王的在位期一樣長，它於1958年10月首播，並與女王和她的家庭成員維持著長久的關係。安妮公主和主持人瓦勒麗·辛格頓（*Valerie Singleton*）於1971年一起去肯亞進行王室狩獵旅行（*Royal Safari*）。2001年11月，女王來到攝影棚見節目過往今來的主持人，包括瓦勒麗·辛格頓、彼得·帕維斯（Peter Purves）與彼得·鄧肯（Peter Duncan）（未來他將成為英國童軍總會總領袖〔Chief Scout〕）。

之後，女王在《東區人》（EastEnders）片場上
會見了姓氏恰好與王室家族姓氏相同的女演員芭芭
拉·溫莎（Barbara Windsor）和她在螢幕上的兒
子史帝夫·麥克法登（Steve McFadden）。

馭馬韁繩

女王在美國總統隆納·雷根（Ronald Reagan）身上，見到了同樣慣於騎馬的他國領袖。他在1982年的拜訪，幫助鞏固了和瑪格麗特·柴契爾（Margaret Thatcher）之間的穩固英美同盟，柴契爾於1979年成爲首相。

世界領袖

在西方世界領袖們的第10次「G7」會議，也就是1984年6月的倫敦經濟會議（London Economic Summit）後，女王在白金漢宮舉辦饗宴。照片中的她和總統隆納·雷根與首相瑪格麗特·柴契爾一同入鏡。

前往蘇格蘭

愛丁堡荷里路德宮（Palace of Holyroodhouse）。女王每年7月都會造訪愛丁堡，在當地舉辦授勳儀式和花園宴會。她在蘇格蘭總是感到非常自在。傳統上而言，她經常從荷里路德宮前往巴爾莫勒爾城堡（Balmoral）避暑，那是為維多利亞女王和艾伯特親王（Prince Albert）建造的高地居所。

與約翰‧梅傑在巴爾莫勒爾城堡，1991年

英國首相在夏天總會到巴爾莫勒爾城堡作客，在當地卸下部分職務與政府帶來的辛勞。1991年到1997年的保守黨（Conservative）首相約翰‧梅傑（John Major），在照片中與女王共同入鏡，當時他剛從瑪格麗特‧柴契爾手上接下位子，兩人坐在舒適的扶手椅上聊天。王室野餐是巴爾莫勒爾城堡行事曆上的固定活動，女王和她家人會準備食物，並在之後清洗用具。

首相

瑪格麗特·柴契爾是女王手下任期最長的首相之一，也是第一位擔任政府首長的西方女性。本照片攝於白金漢宮的接待會，時間在她戲劇化的辭職前不久，柴契爾夫人和女王的所有首相一樣，正與她進行每週例行的私人會面。即便在身爲公主時，只要她年滿18歲，她就能閱覽國務文件，每天也得固定檢閱裝有政府文件的「紅箱」。面對過十幾位首相後，女王成爲最有經驗、知識也最豐富的世界領袖之一。

白金漢宮的觀見廳，
1990年

在她的治期中，女王收到過堆積如山的信件，內容包括讚美或批評，要求平反某樁錯誤，或對某樁義事致謝。儘管白金漢宮的員工會處理大多信件，但女王還是會親自閱讀不少信。

第一號讀者

1991年，女王在白金漢宮的觀見廳（Audience Room）中，在她的紅箱旁閱讀正式文件。女王是國務文件的「第一號讀者」，她在治期中看過每份重要政府溝通資料，以及軍情五處（MI5）和軍情六處（MI6）的大多數建議。

1991年，當她從前往北愛爾蘭的歷史性造訪行程飛回家時，女王依然得找時間審閱文件，為下一場活動做準備；直到她抵達北愛爾蘭前，這趟行程都是受到嚴加管制的秘密。

前往工作

在金禧紀念年搭著皇家列車（Royal Train）前往愛丁堡時，女王正在為一年一度對荷里路德宮的拜訪做準備。每年女王都會舉辦皇家週（Royal Week），造訪蘇格蘭不同地區，並在愛丁堡主持活動。

女王的私人秘書

羅伯特‧費洛斯爵士（Sir Robert Fellowes）是威爾斯王妃黛安娜（Diana, Princess of Wales）的姊夫，他從1990年開始擔任女王的私人秘書，拍攝這張照片時，已經過了9年。王室的私人和媒體秘書在王室家族中總是身居要角，不只擔任女王隱私的守護者，也在處理公眾生活需求上扮演顧問。

與羅伯特‧費洛斯爵士在巴爾莫勒爾城堡的花園中交談。

在巴爾莫勒爾城堡的圖書館中

巴爾莫勒爾城堡是女王的避暑地，也
是她的蘇格蘭私人居所。巴爾莫勒爾城
堡是爲了維多利亞女王與艾伯特親王所
建，也是唯一一座狀態依然和維多利亞
女王在位時相同的維多利亞時期豪宅。

國事訪問

前往英國的國事訪問（state visit），以及君主前往他國的拜訪行程，長久以來都是國際外交與結盟的標竿。其中包括官方迎賓、國宴和接待會，或許還加上對國會致詞，肯定還得在其中一座宮殿待上一晚。在1991年，曾當過造船廠工人、也是團結工聯（Solidarity）共同創辦人的萊赫·華勒沙（Lech Walesa）前來做國事訪問，他在1990年到1995年間擔任波蘭總統。皇家騎馬砲兵團（Royal Horse Artillery）的國王儀仗隊（The King's Troop）伴隨他的馬車，走在通往溫莎城堡的長路（Long Walk）上。

儘管國事訪問環繞著各種禮俗,經濟要素依然扮演了要角。當中國國家主席習近平搭乘馬車經過林蔭大道,並在白金漢宮受到迎接後,就簽訂了價值300億英鎊的貿易協定。

法國總統尼古拉·薩科吉(Nicolas Sarkozy)在他2008年的國事訪問中,於溫莎城堡的國宴上成為主要賓客。這些活動混和了國際外交、華麗場面、建立經濟連結和鞏固關係,通常最後會藉由餐點(還有葡萄酒)來讚美英國美食與烹飪技巧。

與納爾遜・曼德拉，1995年

回到重新加入大英國協的南非時，女王與納爾遜・曼德拉（Nelson Mandela）總統在1995年的國事訪問中見面。他是新國家的象徵。當女王在近50年前離開時，種族隔離系統才剛開始實施；當該體系解體，而白人少數統治也遭到推翻後，她再次回到南非。

與喬治・W・布希，2004年

女王在2004年造訪美國，和喬治・W・布希
（George W. Bush）總統站在白宮花園裡，她
曾與在他之前的4名領導者站在此處，最早的則
是哈瑞・S・杜魯門（Harry S. Truman）。

與普拉蒂巴‧巴蒂爾，2009年

2009年，女王在國事訪問中迎接印度總統普拉蒂巴‧巴蒂爾（Pratibha Patil）。這位總統是印度首位女性元首，並在溫莎城堡接受款待，也看到王室收藏和皇家圖書館（Royal Library）中的許多印度寶藏。在1947年獨立前，喬治六世國王曾是最後一位印度皇帝。

與巴拉克・歐巴馬，2011年

歐巴馬總統送給女王的正式禮物，是一冊紀錄她父母於
1939年戰爭前夕造訪華盛頓特區時的相簿，以象徵兩國
淵遠流長的特別關係。

造訪第一次世界大戰戰場遺址，2004年

身為三軍統帥，女王總是完全清楚許多人以她的名義、和她先祖的名義所作出的犧牲。

軍事儀典

2001年，在白金漢宮的典禮中將新軍旗交給擲彈兵衛隊。

2007年造訪布萊頓

全英國沒有女王沒去過的地方，她周遊全國的速度，在前任君主中無人能匹敵或想像。於是她握過無數次手，收過大量花束，接受過鞠躬與屈膝禮，也聆聽過話語。她聽過諸多關於人們作為的問題，也聽說他們為了見她而走了多遠。

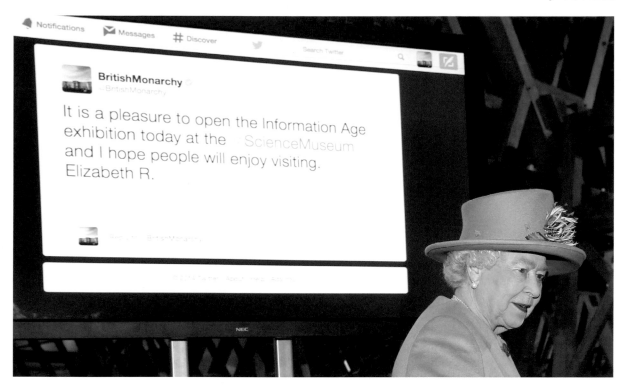

數位時代中的君主制

2014年，當女王爲全新的資訊時代
藝廊（Information Age Gallery）
主持開幕時，就在科學博物館
（Science Museum）發出第一篇皇
家推特發文。自從加冕禮於1953年轉
播到加拿大，或自從她在1961年打了
第一通跨大西洋電話到加拿大後，電
信技術已經歷了大幅進步。

倫敦塔

2014年是第一次世界大戰爆發一百週年，
也舉辦了許多動人的紀念活動。最令人
印象深刻的活動之一，是女王陛下的宮
殿與城堡（Her Majesty's Fortress and
Palace）──倫敦塔中的藝術品，其中包括
一大批陶瓷小狗，每個都是用於紀念死於世
界大戰中的英國或帝國士兵。

宴會

女王在白金漢宮和其他王室居所舉辦的花園宴會，是夏季社交行程的特色。每年都有來自英國各階級的數千人觀賞軍樂團演奏，也享受著食物和飲品，希望不只能瞥見、或許還能和女王陛下談上一席話。2017年5月23日的花園宴會緊接在曼徹斯特一樁可怕的恐怖份子炸彈攻擊之後舉行，女王也率領賓客們進行默哀。不久之後，她親自前往曼徹斯特去見受害人與亡者家屬。

追憶

2016年的年度國殤紀念大典（Festival of Remembrance）在
皇家阿爾伯特音樂廳（Royal Albert Hall）舉行，在國殤星期
日當晚，女王會在白廳的和平紀念碑主持官方國殤紀念儀式。

COMMONWEALTH
大英國協

加冕行程

大英國協（Commonwealth of Nations）於1949年成立，由喬治六世國王擔任元首。女王伊莉莎白二世於1952年繼承此地位，「是獨立會員國自由關係的象徵」。加冕後不久，女王和菲利浦親王就展開大英國協參訪行程，並打破了所有參訪與行程長度的紀錄。當她在1954年造訪澳洲時，有四分之三的成年人口看到了她。

女王在紐西蘭提馬魯（Timaru）回應了當地的歡迎致詞，這是她在澳洲與紐西蘭上百場演說其中之一。行程從百慕達和牙買加展開，王室一行人搭飛機抵達當地，接著搭船通過巴拿馬運河，到斐濟、東加和紐西蘭過聖誕節。接著前往澳洲、錫蘭（現在的斯里蘭卡）、科寇斯群島、烏干達和亞丁，再到地中海。王室一行人在那登上新造的皇家遊艇不列顛尼亞號（Britannia），並再度航向家園。

邦代海灘，1954年

這是動人的景象：1954年2月，在
雪梨邦代海灘（Bondi Beach）為
迎接王室訪客所舉辦的衝浪嘉年華
時，衝浪救生員揮舞著旗幟，往女
王的講臺行進。

泰晤士河歡迎回家

1954年5月15日，許多相機和麥克風都來見證女王和愛丁堡公爵歸國，這是他們長達50000英哩、費時173天的大英國協行程終點。皇家遊艇不列顛尼亞號載著王室一行人航入泰晤士河，並開到懸掛了龐大的「歡迎回家」告示的倫敦塔橋（Tower Bridge）下，再駛進倫敦池（Pool of London）中。

大英國協領袖

1962年，女王在白金漢宮的晚宴中招待大英國協的首相們和總統。後排從左到右分別是：拉希迪·卡瓦瓦先生（Rashidi Kawawa）（坦干伊加），艾瑞克·威廉斯博士（Dr. Eric Williams）（千里達及托巴哥），米爾頓·馬蓋爵士（Sir Milton Margai）（獅子山），阿布巴卡爾·塔法瓦·巴勒瓦爵士（Sir Abubakar Tafawa Balewa）（奈及利亞），亞歷山大·布斯塔曼特爵士（Sir Alexander Bustamante）（牙買加），羅伊·韋倫斯基爵士（Sir Roy Welensky）（羅德西亞），敦阿都·拉薩（Tun Abdul Razak）（馬來亞），F·K·D·戈卡先生（F.K.D. Goka）（迦納），山姆·P·C·費南多先生（Sam P.C.

Fernando）（錫蘭），和大主教馬卡里奧斯（Archbishop Makarios）（賽普勒斯）。前排：基斯·霍利約克先生（Keith Holyoake）（紐西蘭），學者賈瓦哈拉爾·尼赫魯（Pandit Jawaharlal Nehru）（印度），約翰·迪芬貝克先生（John Diefenbaker）（加拿大），女王，勞勃·孟席斯先生（Robert Menzies）（澳洲），陸軍元帥阿尤布·汗（Ayub Khan）（巴基斯坦）和哈羅德·麥米倫先生（英國）。

印度，1961年

當她首度造訪印度時，女王便前往這龐大國度中的主要城市。有25萬人在舊德里（Old Delhi）和新德里（New Delhi）之間的羅摩衍那地（Ramlila Ground）聽她說話，新德里是她祖父於1912年在他的帝國杜爾巴（Imperial Durbar）所啟用的新首都。

加拿大，1959年

高升的底特律天際線位於皇家遊艇的遠方邊界，歡欣雀躍的加拿大人和美國人則對拜訪加拿大的王室一行人歡呼。

東加，1977年

女王與菲利浦親王於1977年2月
抵達太平洋島嶼王國東加，這
是銀禧紀念（Silver Jubilee）
時的大英國協訪視行程中諸多
目的地之一。

奈及利亞，2003年

2003年底，在她前往奈及利亞
的4天正式拜訪時，女王在阿布
加（Abuja）的英國高級專員公
署（British High Commision）
與王父（Royal Fathers）們
見面。早先她曾發布了一段由
BBC編排的廣播肥皂劇，並拜
訪了街頭市集。

讓比賽開始

女王參與了在世界上許多場地舉辦的大英國協運動會，也主持了開幕典禮。2010年輪到德里舉辦，這是她第三次來到這座人山人海的城市。

在2002年於曼徹斯特舉辦的大英國協運動會上，大衛‧貝克漢（David Beckham）與病入膏肓的科斯蒂‧霍華德（Kirsty Howard）將接力棒獻給女王。運動會每4年舉辦1次，循環期接近奧運。1930年創辦時，它被稱爲帝國運動會（Empire Games），也是世上的運動盛事之一。

阿曼，2011年

當女王造訪阿拉伯灣（Arabian Gulf）的阿曼（Oman）時，
她與長壽又備受敬愛的蘇丹卡布斯（Sultan Qaboos）見面。
阿曼長久以來受到英國保護，蘇丹也一直是位忠實的親英
者，因此這是場非常友好的會面。這是她在位時第88次到海
外出訪。

澳洲，2011年

2011年，在西澳洲伯斯（Perth）舉行的大英國協政府首腦會議（Commonwealth Heads of Government）中，所有大英國協國家的領袖都坐下來拍傳統團體照。有時這些會議平淡無奇，有時則充斥國家間的政治鬥爭。

只有那些場合會讓大英國協會議登上媒體版面。女王是其中持久不變的存在，她也將參與會議視為責任，只有少數幾次缺席。帝國內的諸多連結都已瓦解，但伊莉莎白女王依然帶來了個人活力。

歡迎來到坎培拉

女王和澳洲總督昆廷·布萊斯（Quentin Bryce）在坎培拉總督府（Government House）接見賓客。正式接待會、交換禮物和宴會都是國際外交與王室禮儀的重要部分。

女性領袖

在2011年的大英國協政府首腦會議中,女王和大英國協其他女性領袖一同合照:這些首相們分別是孟加拉的謝赫・哈西娜(Sheikh Hasina),澳洲的朱莉亞・吉拉德(Julia Gillard)和千里達及托巴哥的卡姆拉・珀賽德−比塞薩爾(Kamla Persad-Bissessar)。在她的治期中,有更多女性登上掌權地位,這點前所未見。在2011年,英國王位繼承中的長子繼承制遭到推翻,未來世代的長女,將取得比兄弟更高的位階。

ROYAL FAMILY

王室

王室的經典形象，就是在大型
公開或家族活動後，出現在白
金漢宮前端陽台上。女王的90
歲生日（或是她在兩個月後左
右的官方壽辰）是非常特別的
場合。王室的規模逐年成長和
縮減；沒人能比得上維多利亞
的龐大家族，但伊莉莎白二世

女王則緊追在後。她有4個小孩，孩子們也都有自己的家庭。女王站在中央，她的丈夫菲利浦親王則一如往常地陪伴在側。他們的長子威爾斯親王有自己的兒子與孫子，為未來世代建立了王室繼承系統。

在BBC，1959年

1959年，女王最年長的孩子們查爾斯王子與安妮公主在BBC攝影棚中與大衛·艾登堡（David Attenborough）見面。他們在母親還是公主時就已出生，生活也被塑造地和母親截然不同，他們被送去學校，而不是在家上家教課，也很早就得在公衆目光前亮相。

安德魯王子

女王與安德魯王子，由賽西爾‧
比頓攝於1960年。

愛德華王子

她的長女與次子的誕生差了近10年，當愛德華王子於
1964年出生時，女王的家庭就此完成。驕傲的母親望
著嬰孩，嬰孩則抓著4歲哥哥安德魯王子的手指。

大小生物

女王最親近的朋友之一是她的動物們。在她的一生中，狗和馬都陪伴著她。她母親最愛的犬種威爾斯柯基犬，成為女王最喜歡的寵物。自己騎的馬匹，或是讓騎師在比賽中騎乘的馬，都是她的終生喜好。

駕馭

馬匹在王室許多成員的生活中
都扮演了一角：菲利浦親王熱
衷於在活動中駕馭拖行馬車的
馬匹（他也是個高手）。

《王室家族》，1969年

1969年理查・考斯頓（Richard Cawston）
的紀錄片《王室家族》（*Royal Family*）
在BBC第一台（BBC1）上播出，一週後則
在獨立電視台（ITV）播放，它是部拍攝女
王和她家庭前所未見生活的紀錄片。他們放
鬆而自然，緊張又惱怒，生氣而愉快，態度

也很鎮定。數百萬人收看了這部片，這是讓
王室更為親人的計畫，讓人們一窺晦暗神秘
的君主系統。這計畫由愛丁堡公爵所特別策
劃，他和新一波朝臣與顧問幫助減少女王與
人民間的距離。這些畫面強烈象徵攝影機當
時有多近，以及這光景有多獨特。

菲利浦親王爲了《王室家族》
的鏡頭，而放鬆地繪畫。

電視攝影機拍下畫架
旁的菲利浦親王。

查爾斯王子是王室中第一個取得大學教育的成員，和其他學生一樣；1967年到1970年之間，他是劍橋三一學院（Trinity College）的大學生。

《王室家族》紀錄片展現了王室生活的公衆與正式層面及居家的一面，像是女王爲新加坡首相舉辦的接待會。

王室中的聖誕節：通常在女王位於諾福克
的私人住家桑德靈厄姆慶祝，聖誕慶典一
直以來都是讓所有人團聚的場合。當女王
在下午三點直播發布年度致詞時，當天的
活動就會因而中斷，而預錄致辭則讓王室
恢復了原本的生活。

紀錄片小組拍下了
在霧氣迷茫的清晨
檢視馬匹的過程。

女王和安妮公主在
鏡頭前較爲放鬆的
一刻。

國事場合與王室成員的居家生活
交織在一起，像是因國事訪問而
在白金漢宮舉辦的接待會。紀錄
片顯示出這些日子受到多嚴格
的管制，行程又有多緊湊，更
別提需要替換的衣著了。儀典活
動、午宴、晚宴、演說、旅行、
拜訪、出巡、開幕典禮和授勳儀
式，加上在活動間隔中得閱讀和
簽署的文件。他們似乎完全有正
當理由休假。

結婚日

1981年7月29日，查爾斯王子與黛安娜・史賓沙女勳爵（Lady Diana Spencer）的婚禮在聖保羅座堂舉行。外界曾對王位繼承人的結婚對象推論多年。黛安娜更爲年輕，但也深陷愛河。這場婚姻以童話般的浪漫故事開始，兩人也生下了兩個兒子。

女王與菲利浦親王在婚禮
的露天馬車遊行中,行駛
在從聖保羅座堂到白金漢
宮之間的歡騰群眾中。

婚禮過後，威爾斯親王與王妃
偕同女王和菲利浦親王出現在
陽台上。

賽馬場，1981年

在大型賽馬活動中，人們經常能
看到女王的優雅身影穿過賽馬場
中的群眾。

王室觀賽

1991年在埃普索姆（Epsom）的德
比日（Derby Day）第一場賽馬，
女王和王太后正熱情地觀賽；兩人
都是熱切的賽馬迷和飼馬人。

王室最愛

女王在波漢普頓種馬場（Polhampton
Stud）迎接一匹純種1歲馬，顯示出她
對馬匹的長年熱情。

女王的母親（右）和她妹妹瑪格麗特（後），在此與安妮公主一同入鏡，她們是她一生中長久的摯愛。姊妹倆親密地一同長大，特別是當她們在戰爭期間與父母分離時，或是當王室職責讓國王和王后出門遠行時。王太后和瑪格麗特公主都是極富個人色彩的人物，與女王有許多個性上的相似之處，同時也有不少差異。2002年對女王而言並不好過，因爲她母親和妹妹在6週內相繼去世。王太后在前一年才在大衆關愛中慶祝過她的百歲壽辰。金禧紀念年便以私人的悲愴情緒展開。

廣播中

瑪格麗特公主與社會攝影師安東尼・阿姆斯壯－瓊斯
（Antony Armstrong-Jones）結婚，他在1960年獲
封斯諾登伯爵。他們是對華麗的夫婦，棲身於與女王
截然不同的社交圈中。但在其中的瑪格麗特依然穩穩
地維持公主身分。兩人在1978年離婚，當時這在王室
圈中是極其罕見的事件；此後公主鮮少離開報紙的社
會版面，然而儘管她不太參與王室儀典，卻依然熱衷
於贊助藝術。她甚至還在1984年6月客串演出廣播連
續劇《亞契家族》（*The Archers*）。

火災

1992年是女王自稱的災厄年（annus horribilis）。她的3個孩子——查爾斯王子、安妮公主與安德魯王子都在該年離婚。經常抱持敵意的媒體則採取較無敬意的角度，特別大力刊載威爾斯親王與王妃離婚時的聳動真相。最後，在11月20日，溫莎城堡起了大火，女王也在此度過她大半童年時光。媒體和大眾輿論後來變得較為溫和，但這是王室最黑暗的時刻之一。

黛安娜之死，1997年

威爾斯王妃黛安娜的葬禮是20世紀最
獨特的全國哀悼時刻之一。她於8月31
日在巴黎的車禍中身亡，這場意外觸動
了人們敏感的神經。一片花海出現在她
在肯辛頓宮（Kensington Palace）的
住家外，白金漢宮和舉辦她葬禮的西敏
寺外也出現花堆。

女王與王太后是觀看紀念花朵的王室
成員之一。這是現代君主系統的重要時
刻：公共輿論要求女王從巴爾莫勒爾城
堡回到倫敦，也要求在違反常規的狀況
下，讓白金漢宮上的國旗降半旗。女王
對全國做出動人的電視致辭：「我以諸
位女王的身分，和祖母的身分發言。」

婚禮風格

在新一波王室婚禮中,新舊作風同時登場。身為劍橋公爵(Duke of Cambridge)與威爾斯親王長子的威廉王子,於2011年4月29日在西敏寺和凱薩琳·密道頓(Catherine Middleton)結婚。新娘沒有王室或貴族關係,這和先前的王室禮儀不同。這對夫婦在聖安德魯斯大學(University of St Andrews)就讀時結識。他們的孩子們(2個兒子和1個女兒)分別出生於2013年,2015年和2018年。

2018年5月19日，威廉的弟弟薩賽克斯公爵（Duke of Sussex）哈利王子在溫莎的聖喬治禮拜堂與梅根·馬克爾（Meghan Markle）結婚。新娘是混血美國人；典禮愉悅地反映出這點。王室的態度出現了改變：梅根離過婚，但新規範讓他們能在教堂中結婚，而不是經歷民事婚禮後再接受祝福，就像威爾斯親王與卡蜜拉·帕克·鮑爾斯（Camilla Parker Bowles）在2005年結婚時一樣。在他們第一個小孩亞契（Archie）出生後，薩賽克斯公爵夫婦在2020年離開了王室生活，並搬到美國。

母親與兒子，女王與王子

90歲生日慶祝時再度播放了自攝影片，為電
視觀眾彰顯出明確的情感連結。女王和威爾斯
親王分享著快樂回憶，當年她還是拿著電影攝
影機的年輕母親，他則是個頑皮的小男孩。

LEGACY

遺産

銀禧紀念，1977年

國王喬治三世（King George III）是第一位治期長到能在登基50年後的1810年慶祝禧年的英國君主。維多利亞女王在1887年和1897年分別慶祝了50年的金禧與60年的鑽禧紀念。這些都是國內與帝國中的大事，而不大情願的年邁女王也接受說服，成為大眾關注的中心。1935年，喬治五世想出慶祝在位25年的銀禧紀念，有部分原因是為了在1920年代中期以來的長年政治動盪後，將公眾輿論聚焦在慶祝上。既然有了先例，1977年便開始慶祝女王在位的頭25年。儀典活動自然是少不了的：女王搭乘為喬治三世所製的王室金馬車抵達聖保羅座堂，參加為她的銀禧紀念所舉辦的國家感恩禮拜。

王室出巡

在聖保羅座堂的儀式後，女王由倫敦市長勳爵（Lord Mayor of London）陪同，確保在外等待的群眾有機會能在近距離看到她。王室「出巡」（walkabout）在1970年造訪澳洲時首度受到採用，讓女王能遇到普通人民，而不只是達官顯要。王室使用了這個澳洲原住民詞彙，而該行程也迅速成為皇家儀式的一部分。在這場合中，為了打破傳統的王室距離，女王走入人群，接受獻花並向來訪的人們致意。

街頭生活

銀禧紀念讓全國大肆慶祝，也對女王展現愛國情操。人們掛起彩旗，封閉街道，並舉辦戶外宴會，一切都仿效了1937年與1953年加冕禮時大受歡迎的慶典。

王室車程

1977年的夏天充斥著經由電視轉播的活動。皇家馬廄變得格外忙碌,爲典禮與慶祝活動準備馬車和馬匹。在這場合中,女王夫婦搭車離開市長勳爵在市政廳(Guildhall)的慶祝午宴。

金禧紀念，2002年

在2002年，伊莉莎白二世女王慶祝在位50年；先前只有國王喬治三世與維多利亞女王曾慶祝過這麼長久的統治期。

金禧日的金馬車

為了在6月4日去聖保羅座堂參與全國感恩禮拜，喬治三世的王室金馬車再度受到使用。慶典在女王對西敏廳中的上下議院致辭5週前正式舉行。「我下定決心，」她說，「要繼續在我家族的支持下服務人民……盡我最大的能力，面對未來充滿諸多變化的時代。」

等到金禧紀念時，女王已經比任何前任君王接受到更大量的公眾檢視，肯定也沒有任何前任擁有同樣的曝光度；有數十億人親眼或透過媒體看到她，特別是在電視上。BBC廣播二台（BBC Radio 2）的節目《王室50年》（50 Royal Years）追溯了女王得在好壞時期中掌控時機趨勢的過程，而在她的治期內，王室的責任又得與好奇的媒體與公眾展現的強烈興趣並存。

金禧郵票

和許多這類活動相似的是，金禧紀念也發行了特殊的紀念郵票。聯合王國獨特的一點在於，國內的郵票並沒有標上國名。女王的頭像反而象徵了國家。

新傳統

在2002年和2012年，禧年慶典中的特別亮點，是白金漢宮前和林蔭大道上的大型搖滾演唱會（在2002年吉他手布萊恩・梅〔Brian May〕的狀況中，他則在白金漢宮屋頂表演）。2012年6月4日，60年來製作音樂的中老年與年輕樂壇明星們共同演出，女王則在遠處觀看，直到輪到她上台接受觀眾與音樂家們的熱情歡呼，並散發出比明星們更耀眼的光芒。

鑽禧紀念，2012年

來自切斯特（Chester）、10歲大的凱瑟琳·
德瓦（Katherine Dewar）為女王鑽禧紀念所
設計的徽記，在BBC電視的《藍色彼得》主辦
的競賽中勝出。她由父親大衛陪同，於2011年
將她的設計在白金漢宮呈給女王。隔年到處都
能看到這幅徽記。

河流盛會

在濕冷的6月3日，當天的天氣使人回想到60年前的加冕禮，一艘全新的皇家遊艇率領由上千台船隻組成的船隊，沿著泰晤士河航行，女王（為了可見度而身穿白衣）與菲利浦親王在過程中都站著接受群眾的歡呼。

慶典

10000名持票者擠進林蔭大道後端,而更多沒有票的人則站在更遠的位置,他們都能享受6月4日的皇宮宴會,宴會最後則以規模盛大的煙火收尾。大眾可以購買彩票基金,讓全國上下都能舉辦派對,慶祝聯合王國演變下的生活、君主統治和多元國度。

王者

女王並不孤獨，為了慶祝這點，她在5
月18日邀請20位君王來溫莎城堡用午
餐，並參加當晚的慶祝晚宴。有幾個
人缺席，但這活動象徵了活生生的世
界君主政體傳統。

鑽石女王

2012年3月，白金漢宮前方投射了數百名孩童的照片，形成一連串蒙太奇式女王肖像，這是該年紀念活動中最色彩繽紛的活動之一。

倫敦奧運，2012年

在2012年倫敦奧運開幕典禮的
現場直播中，當丹尼爾·克雷格
（Daniel Craig）飾演的詹姆斯·
龐德（James Bond）護送女王從
白金漢宮出發時，全世界便為之驚
嘆。那真的是她嗎？的確是，不過
從直升機上跳傘進入體育場中的，
是穿著同一件杏色洋裝的特技演
員──接著女王走了進來，進行正
式開場。

濯足救濟金

在復活節四天前的濯足星期四（Maundy Thursday），君主傳統上會捐贈金錢給窮人。在女王的治期中，這項重新復甦的傳統在主教座堂中舉辦，領用救濟金的人們會收到特製硬幣，治期中的每一年都會鑄造這種硬幣。照片攝於2017年的萊斯特座堂（Leicester Cathedral），那是富饒的一年。這場活動也象徵在治期中，女王到過國內每座英國國教主教座堂，以便捐獻濯足救濟金。

伊莉莎白碰上伊莉莎白

在2017年4月爲惠普斯奈德動物園
（Whipsnade Zoo）的新大象中心
開幕時，女王和菲利浦親王認識了
一頭以她名字命名的8歲亞洲象。

親王退休

2017年8月，菲利浦親王從公衆生活中隱
退，從女王在1952年登基以來，他已獨自出
席過超過22000場活動。96歲的他，在參與
爲英國皇家海軍陸戰隊（Royal Marines）
慈善募款的全球挑戰（Global Challenge）
活動中，辭去了皇家海軍陸戰隊榮譽上校
（Captain-General）的職務；該活動的目
的是紀念軍人超乎常人的成就。

皇家線

有座以維多利亞女王為名的火車站，國會大廈
（Houses of Parliament）的西塔也以她命名。為了
鑽禧紀念以及女王超越她高祖母在位年數的紀錄，國
會裝設大笨鐘（Big Ben）的鐘樓（Clock Tower）
被命名為伊莉莎白塔（Elizabeth Tower），而穿越
倫敦的橫貫鐵路線（Crossrail line）則被取名為伊
莉莎白線（Elizabeth Line），它的顏色是象徵王室
的紫色。

在2017年的國會開幕大典中，女王並沒有穿著國家禮服和帝國皇冠，而是穿著一套象徵歐洲旗幟的藍色衣著，加上成套的帽子，上頭附有歐洲之星。許多人認為這是種對英國脫歐談判表達的秘密（也極度罕見的）聲明，當時的英國即將脫離歐盟。